AF455878

MÉTHODE D'ARTICULATION

ET DE

LECTURE SUR LES LÈVRES

A L'USAGE

DES INSTITUTIONS DE SOURDS-MUETS

PAR F. M. B.

DE LA CONGRÉGATION DES FRÈRES DE SAINT-GABRIEL

Livre de l'élève

I. DÉMUTISATION

PROCURE GÉNÉRALE

DES FRÈRES DE SAINT-GABRIEL

A SAINT-LAURENT-SUR-SÈVRE *(Vendée)*.

1885

MÉTHODE D'ARTICULATION

DIVISION DE L'OUVRAGE

PARTIE DU MAITRE :

Physiologie de la Parole.

PARTIE DE L'ÉLÈVE :

I. Démutisation.

II. Clé de la Lecture.

La Démutisation est tirée en format in-12, en grands Tableaux isolés et en Livre-Tableau.

Abbeville-Montreuil. — Imprimerie A. RETAUX.

MÉTHODE
D'ARTICULATION

ET DE

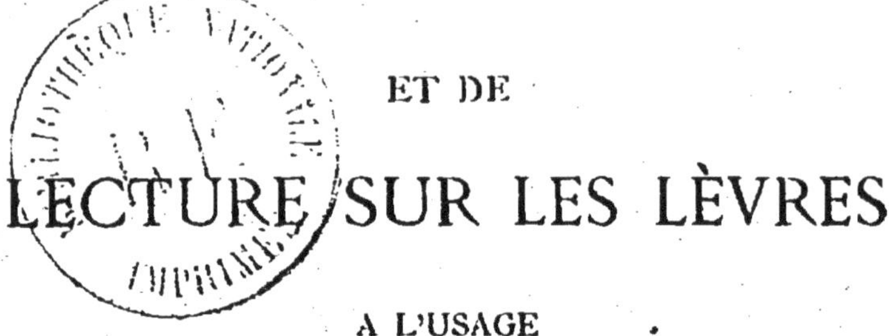

LECTURE SUR LES LÈVRES

A L'USAGE

DES INSTITUTIONS DE SOURDS-MUETS

PAR F. M. B.

DE LA CONGRÉGATION DES FRÈRES DE SAINT-GABRIEL

Livre de l'Élève

I. DÉMUTISATION

PROCURE GÉNÉRALE

DES FRÈRES DE SAINT-GABRIEL

A SAINT-LAURENT-SUR-SÈVRE (*Vendée*).

1885

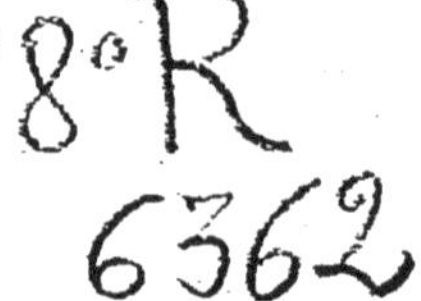

MÉTHODE D'ARTICULATION

PREMIÈRE PARTIE

DÉMUTISATION

EXERCICES PRÉLIMINAIRES.

Ces exercices ont pour but, en même temps que de faire aimer l'école au jeune Sourd-Muet, de déterminer en lui, tout en le récréant, l'esprit d'imitation et l'habitude de la réflexion.

(Voir ce qui est dit à ce sujet au Chapitre des Conseils pratiques pour l'emploi de la Méthode).

1 Avancer ou reculer de quelques pas.

2 S'asseoir ou se lever à un signal donné.

3 Avancer les bras en avant ou les reculer en arrière.

4 Pencher la tête en avant ou l'incliner en arrière, à droite, à gauche [1].

5 Fermer et ouvrir les mains isolément ou simultanément.

6 Montrer le dessus, le dedans des mains.

1 Les leçons de gymnastique scolaire sont une excellente préparation à l'étude de la parole.

7 Montrer le pouce, l'index, le médium, l'annulaire, l'auriculaire.

8 Montrer la bouche, le menton, le nez, un œil, une oreille, les dents, la langue.

9 Ouvrir et fermer la bouche, les yeux.

10 Dicter oralement quelques noms d'objets ou d'animaux qui peuvent être mis sous les yeux de l'enfant, et exiger que quand on les répète, il les montre : excellente manière d'intéresser le Sourd-Muet et d'appeler son attention sur la lecture labiale.

11 Tracer sur le tableau ou sur l'ardoise une ligne droite, une ligne courbe, une ligne brisée, un carré, un cercle.

12 Enfin, appeler l'attention de l'enfant sur la forme des lettres et lui en faire tracer quelques-unes.

etc. etc.

LEÇON PRÉPARATOIRE.

I

1. Posture du Corps. — Les élèves, debout ou assis, doivent avoir le corps droit, les pieds posés d'aplomb, le cou bien dégagé et la tête droite, mais sans raideur ni contraction de nerfs ; les bras seront pendants dans la station verticale ; assis, les enfants tiendront les mains appuyées sur leurs genoux lorsqu'elles n'auront pas à agir.

2. Disposition des Organes de la voix à l'état de repos. — Dents supérieures recouvrant naturellement les incisives de la mâchoire inférieure ; bouche close naturellement, c'est-à-dire lèvres juxtaposées, mais non pincées, ridées ou plissées.

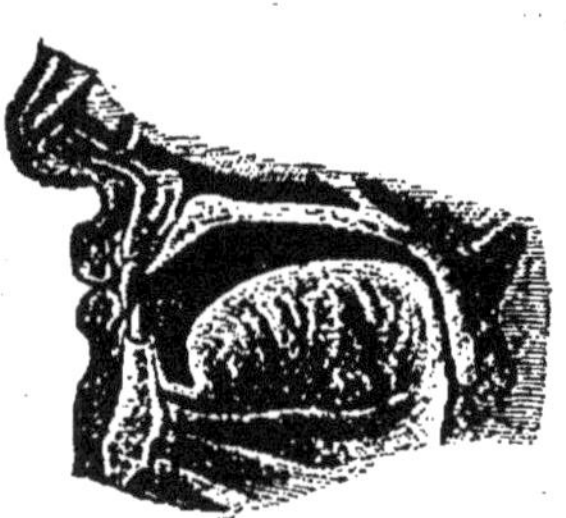

II

Gymnastique des lèvres.

1

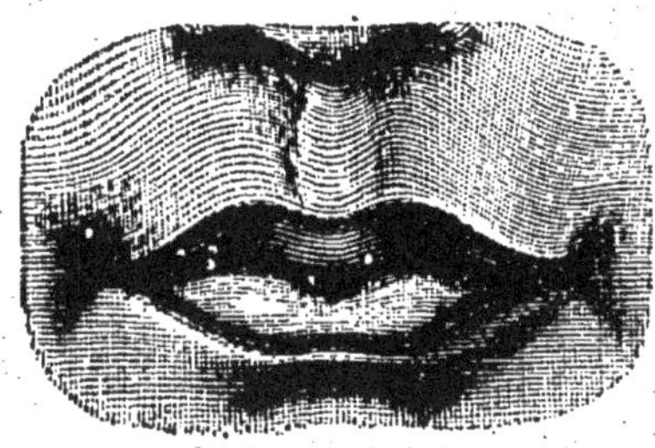

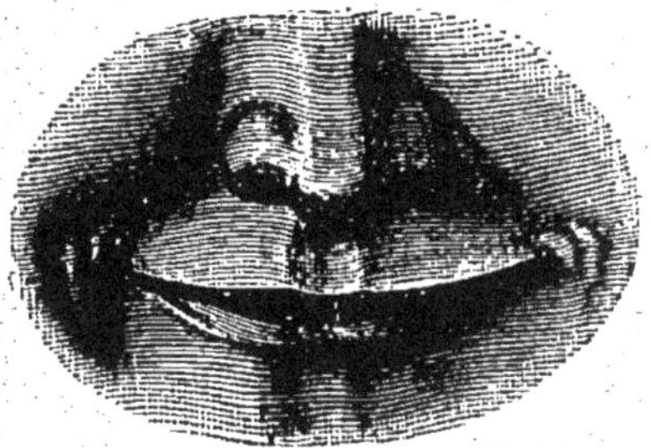

1 2

Bouche dans sa position naturelle (1) ; — en écarter promptement les commissures sans séparer les lèvres (2) ; — par un autre mouvement brusque, les ramener à leur place normale (1). C'est simuler le grand rire.

2

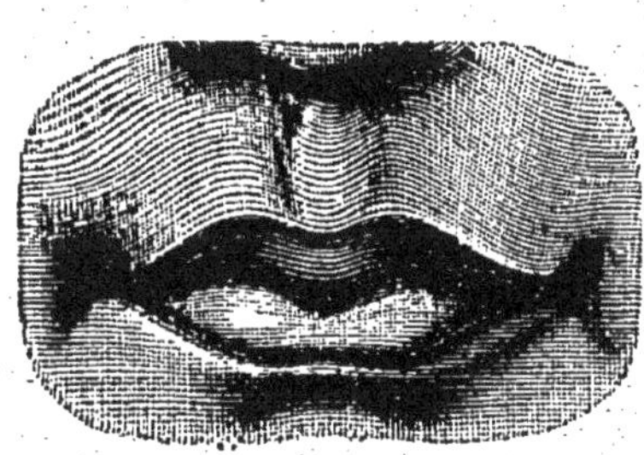

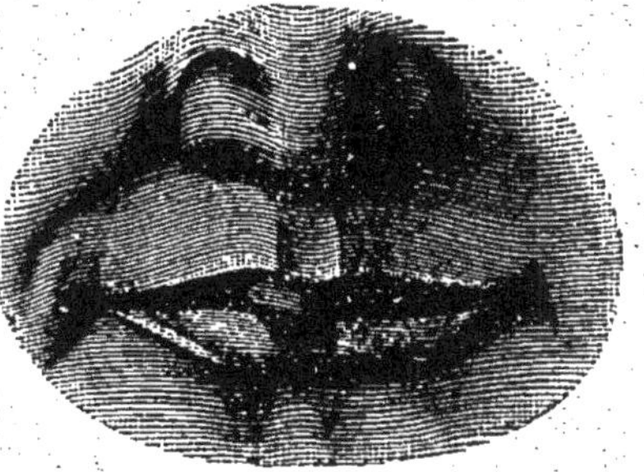

1 2

Bouche dans sa position naturelle (1) ; — en écarter les commissures *à demi*, comme pour sourire (2) ; — les ramener à leur place normale (1).

3

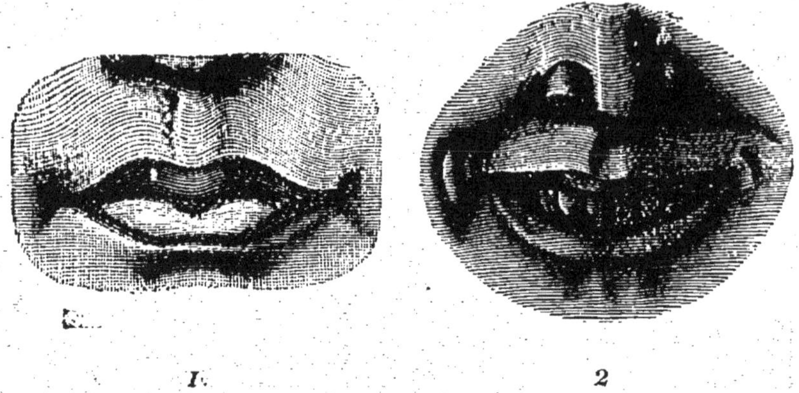

1 2

Même exercice que le numéro 1, en écartant les lèvres et en desserrant un peu les dents, lesquelles doivent être découvertes jusqu'aux gencives. Au second temps, les dents et les lèvres reprennent leur position naturelle.

4

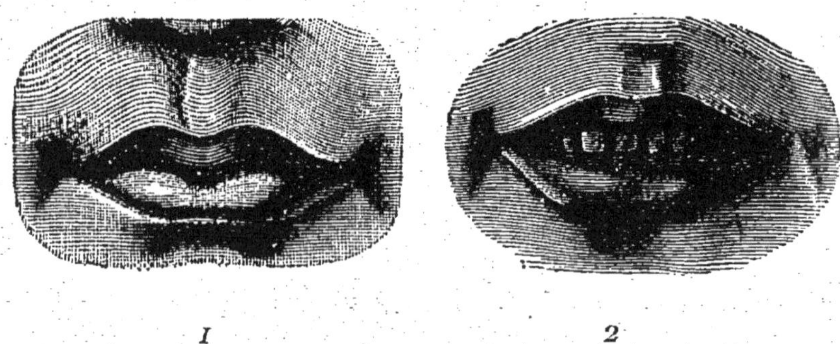

1 2

Même exercice que le N° 2, avec les modifications du N° 3, en deux temps.

5

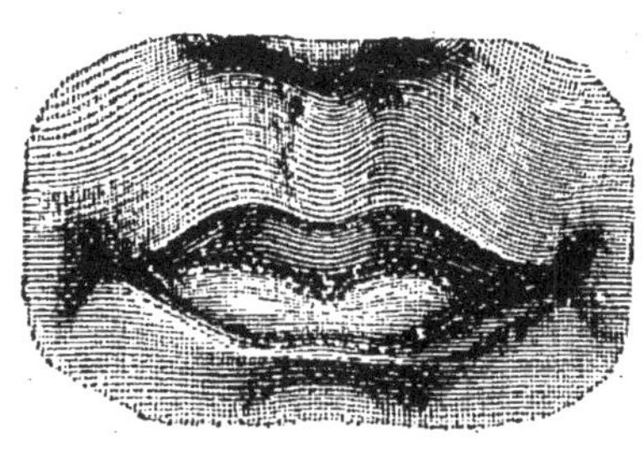

1 2

Bouche dans sa position naturelle : avancer les lèvres le plus possible en les pressant les unes contre les autres, de manière à imiter quelqu'un qui fait la moue, et les ramener à leur place normale.

Les rides du front et du nez, s'il s'en produit, doivent prendre la direction *verticale*. Dans le cas contraire, le Maître doit chercher à les rectifier.

6

1 2

Combiner l'avancement des lèvres du N° 5 avec l'écartement des commissures du N° 1, en deux temps.

7

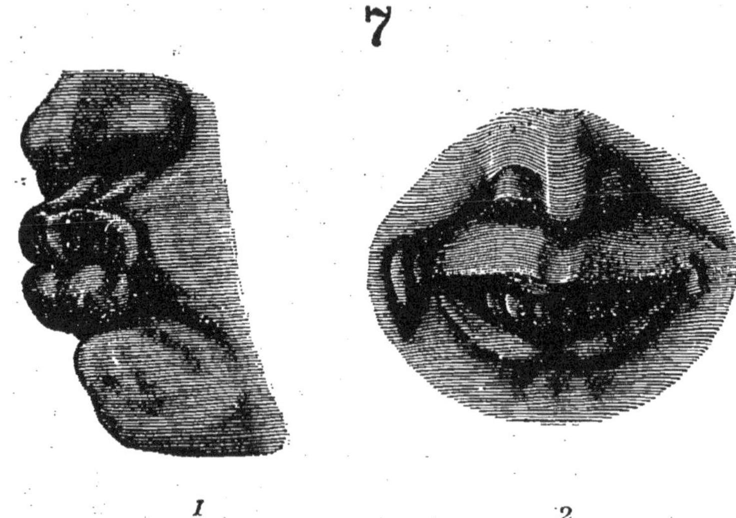

1 2

Combiner l'avancement des lèvres du N° 5 avec le triple mouvement simultané indiqué au N° 3, en deux temps.

8

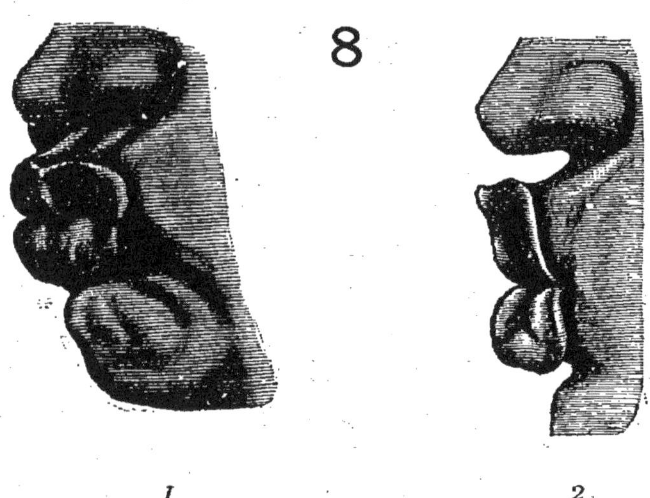

1 2

Combiner l'avancement des lèvres du N° 5 avec l'allongement et l'écartement indiqués par la gravure en regard, en deux temps.

III

Gymnastique de la langue.

1o — Sortir la langue de la bouche et l'y faire rentrer assez vivement, de façon à la dissimuler le plus possible sur le plancher de la cavité buccale.

Il importe, dans le mouvement de recul, que la pointe de la langue se fixe mollement vers la racine du filet, et que sa face dorsale laisse complétement libre et parfaitement visible l'ouverture du pharynx.

2e — Exercice pour ramollir la langue, lorsqu'elle est trop dure : la mâcher dans tous les sens.

3e — Exercices pour donner de la consistance aux muscles, lorsque la langue est trop molle :

1o Exercice du No 1 ;

2o Relever la face dorsale de la langue vers le palais en la raidissant ;

3o Porter vivement la pointe de la langue soit au palais, soit contre la racine des dents supérieures, et la faire retomber en avant ;

4° Porter sa pointe, soit à la racine des incisives inférieures, soit à la naissance du filet, en rejetant sa face dorsale en avant de façon à l'arrondir.

4e — Exercices pour amincir la langue, lorsqu'elle est trop épaisse.

1° La mâcher en tous sens;

2° La mâcher en commencant par la pointe, qu'on rejette peu à peu au dehors;

3° L'aplatir en la faisant passer entre les lèvres pincées.

etc. etc.

NOTA. Les exercices 2, 3 et 4 indiquent assez qu'ils ne conviennent pas indistinctement à tous les élèves; nous croyons cependant devoir appeler sur ce point l'attention de l'Instituteur, afin de prévenir des excès toujours regrettables. Si la force musculaire de la langue est exagérée, la parole sera lente, dure et saccadée; si au contraire la langue n'a pas assez de consistance pour se mouvoir librement dans la bouche, la parole sera pâteuse et inintelligible.

IV

Gymnastique de la respiration.

1. **Respiration buccale** { **Inspiration par la bouche.** / **Expiration par la bouche.**

Exercice de respiration buccale, en deux temps :

. . . .
. . . .
. . . .

2. **Respiration nasale.** { **Inspiration par le nez.** / **Expiration par le nez.**

Exercice de respiration nasale en deux temps :

. . . .
. . . .
. . . .

3. **Respiration bucco-nasale.** { **Inspiration par le nez.** / **Expiration par la bouche,**

Exercice de respiration bucco-nasale, en deux temps :

. . . .
. . . .
. . . .

(Voir dans la théorie de la Respiration et au Chapitre des Conseils pratiques pour l'emploi de la Méthode, ce que nous disons de ces différents exercices.)

V

Distinction des éléments constitutifs de la parole.

1. Distinction du souffle froid et du souffle chaud.

Souffle froid.
Souffle chaud.

Souffle
- **Long :** ———————
- **Bref :** —
- **Fort :** ▬▬▬
- **Doux :** ═══

2. Distinction du souffle buccal et du souffle nasal.

Souffle par la bouche.
Souffle par le nez.

3. Distinction du souffle et de la voix.

Souffle par la bouche.
Voix par la bouche.

4. Distinction de la voix buccale et de la voix nasale.

Voix par la bouche.
Voix par le nez.

5. Mélange du souffle et de la voix.

Mélange du souffle et de la voix par la bouche.

(Ne pas parler trop tôt de ce mélange aux enfants.)

Ier EXERCICE.

a

Position demandée par l'élément[1].

Voix par la bouche : a

		a,	a,	a,	a,	a,	a.
Modulation du son	Long :	a ———————			a,	a,	a.
	Bref :	a —			a,	a,	a.
	Fort :	a ▬▬▬▬			a,	a,	a.
	Doux :	a ═══			a,	a,	a.
Souffle seul :		a,	a,	a,	a,	a,	a.

[1] Voir dans la partie du Maître la description de cette position.

IIe EXERCICE.

p

Position. — Souffle par la bouche : p

	p,	p,	p,	p,	p,	p.
	p,	a,	p,	a,	p,	a.
	pa,	pa,	pa,	pa,	pa,	pa.
Exercice de modulation — Long :	pa ————			pa,	pa,	pa.
Exercice de modulation — Bref :	pa —			pa,	pa,	pa.
Exercice de modulation — Fort :	pa ━━━━			pa,	pa,	pa.
Exercice de modulation — Doux :	pa ════			pa,	pa,	pa.
	pa,	pa,	pa,	ap,	ap,	ap.
	ap,	pa,	ap,	pa,	ap,	pa.

pap, pap, pap, apa, apa, apa.
papa, apap.

Souffle seul : p, a, p, a, p, a.
pa, pa, pa, pa, pa, pa.

Application : papa, pape.

ARTICULATION RAPIDE.

pa, papa, papapa, papapapa, papapapapapapa-papapa...... jusqu'à extinction.

IIIe EXERCICE.

m

Position — Voix par le nez : m

		m, m, m,	m,	m,	m.
Exercice de modulation	Long :	m ————	m,	m,	m.
	Bref :	m —	m,	m,	m.
	Fort :	m ━━━━	m,	m,	m.
	Doux :	m ════	m,	m,	m.

m,	a,	m,	a,	m,	a.
ma,	ma,	ma,	ma,	ma,	ma.
ma,	ma,	ma,	am,	am,	am.
am,	ma,	am,	ma,	am,	ma.

mp,	mp,	mp,	pm,	pm,	pm.
mp,	pm,	mp,	pm,	mp,	pm.

map,	map,	map,	pam,	pam,	pam.
map,	pam,	map,	pam,	map,	pam.
mapa,	mapa,	mapa,	pama,	pama,	pama.

Souffle seul : m, m, m, m, m, m.
ma, ma, ma, ma, ma, ma.

Application : ma.

ARTICULATION RAPIDE.

ma, mama, mamama, mamamama, mamamama-
[mamama.

mapa,
pama,
mapapa,
pamama,

IVe EXERCICE.

f

ff ph

Position. — Souffle par la bouche : f

f, f, f, f, f, f.

Exercice de modulation					
	Long :	f ————	f,	f,	f.
	Bref :	f —	f,	f,	f.
	Fort :	f ━━━━	f,	f,	f.
	Doux :	f ═══	f,	f,	f.

f,	a,	f,	a,	f,	a.
fa,	fa,	fa,	fa,	fa,	fa.
fa,	fa,	fa,	af,	af,	af.
fa,	af,	fa,	af,	fa,	af.
fp,	fp,	fp,	pf,	pf,	pf.
fm,	fm,	fm,	mf,	mf,	mf.
fap,	fap,	fap,	paf,	paf,	paf.
fam,	fam,	fam,	maf,	maf,	maf.
fapa,	fapa,	fapa,	pafa,	pafa,	pafa.
fama,	fama,	fama,	mafa,	mafa,	mafa.
fama,	mafa,	fapa,	pafa,	pama,	mapa.

Souffle seul : f, f, f, f, f, f.
fa, fa, fa, fa, fa, fa.

Application : femme.

ARTICULATION RAPIDE.

fa, fafa, fafafa, fafafafa, fafafafafafafa......
fapa,
fama,
fapapa,
famama.

Ve EXERCICE.

V
W

Position — Mélange du souffle et de la voix par la bouche : v

v, v, v, v, v, v.
f, v, f, v, f, v.

Exercice de modulation			
Long	: v ———————	v, v, v.
Bref	: v ▬	v, v, v.
Fort	: v ▬▬▬▬	v, v, v.
Doux	: v ═══════	v, v. v.

v, a, v, a, v, a.
va, va, va, va, va, va.
va, va, va, av, av, av.
va, av, va, av, va, av.
vp, vp, vp, pv, pv, pv.
vm, vm, vm, mv, mv, mv.
vf, vf, vf, fv, fv, fv.
vap, vap, vap, pav, pav, pav.
vam, vam, vam, mav, mav, inav.
vaf, vaf, vaf, fav, fav, fav.
vap, pav, vam, mav, vaf, fav.
vapa, pava,vama, mava, vafa, fava.

Souffle seul : va, va, va, va, va, va.

Application : va.

ARTICULATION RAPIDE.

va, vava, vavava, vavavava, vavavavavava....
vapa,
pava,
vama,
mava,
vafa,
fava,
etc.

VIe EXERCICE.

O

Position. — Voix par la bouche : o

o, o, o, o, o, o.

Exercice de modulation
- Long : o ———— o, o, o.
- Bref : o — o, o, o.
- Fort : o ━━ o, o, o.
- Doux : o ═══ o, o, o.

po, po, po, op, op, op.
om, om, om, mo, mo, mo.

fo,	fo,	fo,	of,	of,	of.
vo,	vo,	vo,	ov,	ov,	ov.
opo,	ofo,	ovo,	omo,	pop,	fof.
mom,	vov,	pof,	fop,	pom,	mop.
pov,	vop,	fom,	mof,	fov,	vof.
popo,	fofo,	vovo,	momo,	pofo,	fopo.
movo,	vomo,	povo,	vopo,	pomo,	mopo.
fovo,	vofo,	mofo,	fomo,	pofa,	fapo.
voma,	mavo,	pova,	vapo,	pavo,	fapo.
vamo,	mapo.				
	oa,	oa,	ao,	ao.	

Souffle seul : o, o, o, o, o, o.

Application : pot, pomme, homme.

ARTICULATION RAPIDE.

po, popo, popopo, popopopo, popopopopopo....
fo,
vo,
mo,
pof,
fop,
vop,
mop,
popa,
popapa,
fofafa,
vovava,
momama, etc.

VIIe EXERCICE.

b

Position. — Voix par la bouche : b

b,	b,	b,	b,	b,	b.
b,	p,	b,	p,	b,	p.
ba,	ba,	ba,	ba,	ba,	ba.
ab,	ab,	ab,	ab,	ab,	ab.
bo,	bo,	bo,	bo,	bo,	bo.
ob,	ob,	ob,	ob,	ob,	ob.
bp,	bp,	bf,	bf,	bv,	bv.
pb,	pb,	fb,	vb,	bm,	mb.
bap,	pab,	baf,	fab,	bav,	vab.
bam,	mab,	bop,	pob,	bof,	fob.
bov,	vob,	bom,	mob.		
bapa,	bafa,	bava,	bama,	bopa,	bofa.
bova,	boma,	pabo,	fabo,	vabo,	mabo.

Souffle seul : ba, ba, ba, bo, bo, bo.

Exercice de modulation
- Long[1] . . . .
- Bref . . . .
- Fort . . . .
- Doux . . . .

[1] Nous laisserons désormais au Professeur, pour les exercices de modulation, la combinaison de l'élément nouveau avec les sons précédemment enseignés.

Application : **bas, bât.**

ARTICULATION RAPIDE.

ba, baba, bababa, babababa, bababababa.....
bo,
bapapa,
bopopo,
bopapa,
bapopo,
bofafa,
bavovo,
bomama,
bopafa,
bavapa,
etc.

VIIIe EXERCICE.

t

tt th

Position — **Souffle par la bouche : t**

t,	t,	t,	t,	t,	t.
t,	a,	t,	a,	t,	a.
ta,	ta,	ta,	ta,	ta,	ta.
at,	ta,	at,	ta,	at,	ta.
to,	to,	to,	ot,	ot,	ot.
tp,	pt,	tf,	ft,	tv,	vt.
tm,	mt,	tb,	bt.		
tap,	pat,	taf,	fat,	tav,	vat.
tam,	mat,	tab,	bat,	top,	pot.
tof,	fot,	tov,	vot,	tom,	mot.
tob,	bot.				
tapa,	pata,	tafa,	fata,	tava,	vata.
tama,	mata,	toma,	mato,	tofa,	fato.
topa,	pato,	tavo,	vota,	tabo,	bota.

Souffle seul : ta, ta, ta, to, to, to.

Exercice de modulation { Long. . . . .
Bref. . . . .
Fort. . . . .
Doux. . . . .

Application : botte, patte, tomate, Thomas.

ARTICULATION RAPIDE.

ta, tata, tatata, tatatata, tatatatatatatata....
to,
tapapa,
topopo,
tafofo,
tavovo,
tababa,
patata,
fototo,
tapota,
tafato,
tabato,
matopa,
etc.

IXe EXERCICE.

d

dd dh

Position — Voix par la bouche : d

d,	d,	d,	d,	d,	d.
d,	t,	d,	t,	d,	t.
d,	b,	d,	b,	d,	b.
d,	a,	d,	a,	d,	a.
da,	da,	da,	ad,	ad,	ad.
do,	do,	do,	od,	od,	od.
dp,	pd,	df,	fd,	dv,	vd.
dm,	md,	db,	bd,	dt,	td.
dap,	pad,	dam,	mad,	daf,	fad.
dav,	vad,	dab,	bad,	dat,	tad.
dop,	pod,	dom,	mod,	dof,	fod.
dov,	vod,	dob,	bod,	dot,	tod.
dapa,	dafa,	dava,	dama,	daba,	data.
dopo,	dofo,	dovo,	domo,	dobo,	doto.
pado,	fado,	vado,	moda,	boda,	toda.

Souffle seul : da, da, da, do, do, do.

Exercice de modulation	Long	. . . .
	Bref	. . . .
	Fort	. . . .
	Doux	. . . .

Application : date, datte, dame, fade, mode, madame, pommade.

ARTICULATION RAPIDE.

da, dada, dadada, dadadada, dadadadadadada.....
do,
dapapa,
dopopo,
dafafa,
vadada,
vododo,
datata,
papada,
vabada,
fotodo,
mopoda,
etc.

Xe EXERCICE.

è

ê, es, ei, ai, ais.

Position. — **Voix par la bouche : è**

è, è, è, è, è, è.

Exercice de modulation	Long	. . . .
	Bref.	. . . .
	Doux	. . . .
	Fort.	. . . .

èp,	èp,	èp,	pè,	pè,	pè.
èf,	èf,	èf,	fè,	fè,	fè.
èv,	èv,	èv,	vè,	vè,	vè.
èb,	èb,	èb,	bè,	bè,	bè.
èt,	èt,	èt,	tè,	tè,	tè.
èd,	èd,	èd,	dè,	dè,	dè.
èm,	èm,	èm,	mè,	mè,	mè.
èpa,	èfa,	èva,	èba,	èta,	èda.
èma,	apè,	afè,	avè,	abè,	atè.
adè,	amè,	opè,	ofè,	ovè,	obè.
otè,	odè,	omè,	èpè,	èfè,	ètè.

pèfa,	**vèto,**	**bèta,**	**mèpè,**	**tèbè,**	**dèto.**
vatè,	**badè,**	**mapè,**	**pofè,**	**votè,**	**bodè.**
aè,	**èa,**	**aè,**	**èa,**	**aè,**	**èa.**
oè,	**èo,**	**oè,**	**èo,**	**oè,**	**èo.**

Souffle seul : è, è, è, è, è, è.

Application : **fève, fête, tête, bête, baptême.**

ARTICULATION RAPIDE.

pè, pèpè, pèpèpè, pèpèpèpè, pèpèpèpèpèpè.....
fè,
vè,
bè,
tè,
dè,
mè,
pèpa,
fèfa,
vèva,
tèta,
pèpapo,
tatèto,
etc.

XIe EXERCICE.

eu

e œu

Position. — Voix par la bouche : eu

eu, eu, eu, eu, eu, eu.

Exercice de modulation	
	Long . . . .
	Bref . . . .
	Fort. . . . .
	Doux . . . .

eup, eup, eup, peu, peu, peu.
euf, euf, euf, feu, feu, feu.
euv, euv, euv, veu, veu, veu.
eub, eub, eub, beu, beu, beu.
eut, eut, eut, teu, teu, teu.
eud, eud, eud, deu, deu, deu.
eum, eum, eum, meu, meu, meu.
eupeu, eufeu, euveu, eubeu, euteu, eudeu.
eumeu, eupa, eufa, euva, eubo, euto.
eudo, eumè, eupè, eufè, pafeu, vabeu.
tadeu, domeu, padeu, foteu, vèbeu, mateu.
euè, euè, èeu, èeu, euo, euo.
oeu, oeu, eua, eua, aeu, aeu.

Souffle seul : eu, eu, eu, eu, eu, eu.

Application : peu, feu, œuf, vœu, bœuf, veuf.

ARTICULATION RAPIDE.

peu, peupeu, peupeupeu, peupeupeupeu, peupeu-
[peupeupeupeu....

feu,
veu,
beu,
teu,
deu,
meu,
eupeupeu,
afeufeu,
oveuveu,
èteuteu,
eutata,
eudada,
eupapa,
etc.

XIIe EXERCICE.

k

c q qu

Position. — Souffle par la bouche : k

k,	k,	k,	k,	k,	k.
k,	a,	k,	a,	k,	a.
ka,	ka,	ka,	ak,	ak,	ak.
ko,	ko,	ko,	ok,	ok,	ok.
kè,	kè,	kè,	èk,	èk,	èk.
keu,	keu,	keu,	euk,	euk,	euk.
kp,	pk,	kf,	fk,	kv,	vk.
kb,	bk,	kt,	tk,	kd,	dk.
km,	mk.				
kap,	pak,	kaf,	fak,	kav,	vak.
kab,	bak,	kat,	tak,	kad,	dak.
kam,	mak,	kop,	pok,	kof,	fok.
kèv,	vèk,	kèb,	bèk,	keut,	teuk.
keum,	meuk.				
kapa,	kafa,	kava,	kaba,	kata,	kada.
kama,	kopa,	kofa,	kova,	koba,	kota.
koda,	koma,	kèpo,	kèfo,	kèvo,	kèbo.

kèto, kèdo, kèmo, keupè, keufè, keuvè.
keubè, keutè, keudè, keumè, pèkè, fèkè.
veukè, bèkeu, tèkeu, dèko, moka.

Souffle seul : ka, ko, kè, keu.

Exercice de modulation { Long. . . . .
Bref. . . . .
Fort. . . . .
Doux. . . . .

Application : coq, bec, cave, moka, commode.

ARTICULATION RAPIDE.

ka, kaka, kakaka, kakakaka, kakakakakaka.....
ko,
kè,
keu,
kapapa,
kafafa,
kovovo,
kobobo,
kètètè,
kèdèdè,
keumeumeu,
papaka,
fakapa,
vataka,
etc.

XIIIe EXERCICE.

g
gu

Position. — Voix par la bouche : g

g,	g,	g,	g,	g,	g.
g,	k,	g,	k,	g,	k.
ga,	ga,	ga,	ag,	ag,	ag.
go,	go,	go,	og,	og,	og.
guè,	guè,	guè,	èg,	èg,	èg.
gueu,	gueu,	gueu,	eug,	eug,	eug.
gp,	pg,	gf,	fg,	gv,	vg.
gb,	bg,	gt,	tg,	gd,	dg.
gk,	kg,	gm,	mg.		
gap,	pag,	gaf,	fag,	gov,	fog.
gob,	bog,	guèt,	tèg,	guèd,	dèg.
gueuk,	keug,	gueum,	meug.		
gueupeu,	gueufeu,	guèvè,	guèbè,	goto,	godo.
gaka,	gama,	peugueu,	feugueu,	vèguè,	bèguè.
togo,	dogo,	kaga,	maga.		

Souffle seul : ga, ga, go, go, guè, gueu.

Exercice de modulation	Long . . . .
	Bref. . . . .
	Fort. . . . .
	Doux. . . . .
Application :	bague, guêpe, gomme, pagode, baguette.

ARTICULATION RAPIDE.

ga, gaga, gagaga, gagagaga, gagagagagagaga....
go,
guè,
gueu,
gapata,
gofoto,
agogo,
agaga,
eugogo,
ègaga,
agata,
okogo,
abogo,
ododogo,
etc.

XIVᵉ EXERCICE.

é

ed ez

Position. — Voix par la bouche : é

é,	é,	é,	é,	é,	é.
fé,	fé,	fé,	éf,	éf,	éf.
vé,	vé,	vé,	év,	év,	év.
pé,	pé,	pé,	ép,	ép,	ép.
ém,	ém,	ém,	mé,	mé,	mé.
éd,	éd,	éd,	dé,	dé,	dé.
ék,	ék,	ék,	ké,	ké,	ké.
ét,	té,	éb,	bé,	éd,	dé.
ég,	gué.				
éfé,	évé,	épé,	émé,	édé,	éké.
été,	égué,	ébé,	éfa,	éva,	épo.
émo,	étè,	édè,	ékeu,	égueu,	ébeu.
péfa,	fépa,	méva,	véma,	béto,	tébo.
dékè,	kèdé,	kègueu,	guékeu,	pafé,	vamé.
boté,	doté,	kègué,	pèké,	fègué,	veumé.
beuté,	kolé,	dopé,	goté.		

éa, aé, oé, éo, éè, èé, éeu, euè.

Souffle seul : é. pé, fé, vé, bé, mé, dé, ké, gué, té.

Exercice de modulation { Long. . . . .
Bref. . . . .
Fort. . . . .
Doux . . . .

Application : dé, pavé, café, épée.

ARTICULATION RAPIDE.

pé, pépé, pépépé, pépépépé, pépépépépépépé......
fé,
vé,
mé,
dé,
ké,
bé,
té,
gué,
févé,
fépé,
bété,
tédé,
kégué,
etc.

XVe EXERCICE.

i
y

Position. — Voix par la bouche : i

i,	i,	i,	i,	i,	i.
i,	é,	i,	é,	i,	é.
fi,	fi,	fi,	if,	if,	if.
vi,	vi,	vi,	iv,	iv,	iv.
pi,	pi,	pi,	ip,	ip,	ip.
bi,	bi,	bi,	ib,	ib,	ib.
ti,	it,	di,	id,	ki,	ik.
gui,	ig,	mi,	im.		
ifi,	ipi,	ivi,	imi,	ibi,	iti.
idi,	iki,	igui,	iba,	ita,	iko.
ido,	imè,	ivè,	ipeu,	ifeu,	iveu.
figa,	vika,	pido,	mito,	bidè,	tikè.
digueu,	kipeu,	pifi,	mivi,	biti,	diki.
péfi,	mévi,	boti,	doki,	goti,	défi.
béfi,	dovi,	tidè,	peuti,	kèdi.	

ié, éi, io, oï, ieu, eui, iè, èi. ia, aï.

Souffle seul : pi, fi, vi, mi, bi, ti, di, ki, gui.

Exercice de modulation	Long . . . .
	Bref . . . .
	Fort . . . .
	Doux . . . .

Application : pie, pipe, képi, pied, cahier, papier, Dieu.

ARTICULATION RAPIDE.

pi, pipi, pipipi, pipipipi, pipipipipipipi....
fi,
vi,
mi,
bi,
ti,
di,
ki,
gui,
pififi,
pipapa,
patati,
pipopo,
pipeupeu,
kitoto,
tivovo,
tivivi,
etc.

XVIe EXERCICE.

Ç

S C SS

Position. — **Souffle par la bouche : ç**

ç,	ç,	ç,	ç	ç,	ç.
ç,	a,	ç,	a.	ç,	a.
ça,	ça,	ça,	aç,	aç,	aç.
ço,	ço,	ço,	oç,	oç,	oç.
cè,	cè,	cè,	èç,	èç,	èç.
ceu,	ceu,	ceu,	euç,	euç,	euç.
cé,	cé,	cé,	éç,	éç,	éç.
ci,	ci,	ci,	iç,	iç,	iç.
çp,	pç,	çf,	fç,	çv,	vç.
çm,	mç,	çb,	bç,	çt,	tç.
çd,	dç,	çk,	kç,	çg,	gç.
çaç,	çoç,	cèç,	ceuç,	céç,	ciç.
çap,	paç,	çam,	maç,	çaf,	façç.
çav,	vaç,	çab,	baç,	çat,	taç.
çod,	doç,	çok,	koç,	çog,	goç.
cèp,	pèç,	ceuf,	feuç,	cév,	véç.
béç,	céb,	piç,	cip,	diç,	cid.
çafo,	çapo,	çamo,	çova,	çoba,	çota.

cèda, cèka, cèga, cipa, cima, cifa.
paci, foci, mèci, veuci, béci, tici.
pici, fici, vici, mici, bici, kici.
ceuci, cècé.

Souffle seul : ça, cè, ceu, cé, ci.

Exercice de modulation	Long . . . .
	Bref . . . .
	Fort . . . .
	Doux . . . .

Application : sac, ceci, sabot, caisse, messe, cessez.

ARTICULATION RAPIDE.

ça, çaça, çaçaça, çaçaçaça, çaçaçaçaçaçaça.....
aç,
ço,
oç,
cè,
èç,
cé,
éç,
ci,
iç,
ceu,
euç,

paç, paçpaç, paçpaçpaç, paçpaçpaçpaçpaç....
foç,
voç,
bèç,
diç,
teuç,
kiç,
gas,
açaç,
oçoç,
éçéç,
iciç,
aciaç,
ocioç,
èciéç,
éciaç,
écioç,
icieuç,
spaç,
sfaç,
etc.

XVIIe EXERCICE.

Z

Position. — Souffle et voix par la bouche : z

z,	z,	z,	z,	z,	z.
ç,	z,	ç,	z,	ç,	z.
za,	za,	za,	az,	az,	az.
zo,	zo,	zo,	oz,	oz,	oz.
zè,	zè,	zè,	èz,	èz,	èz.
zé,	zé,	zé,	éz,	éz,	éz.
zi,	zi,	zi,	iz,	iz,	iz.
zeu,	zeu,	zeu,	euz,	euz,	euz.
çz,	zç,	zp,	pz,	zf,	fz.
zv,	vz,	zb,	bz,	zt,	tz.
zd,	dz,	zk,	kz,	zg,	gz.
zap,	paz,	zaf,	faz,	zav,	vaz.
zob,	boz,	zot,	toz,	zod,	doz.
zèk,	kèz,	zèç,	cèz,	zèp,	pèz.
zeuf,	feuz,	zeuv,	veuz,	zeub,	beuz.
zét,	téz,	zéd,	déz,	zék,	kéz.
zig,	guiz,	ziç,	ciz,	piz,	fiz.
zapa,	zapo,	zapè,	zapeu,	zapé,	zapi.
paza,	mazo,	fazé,	vazeu,	bazé,	tazi.
daza,	kazo,	gazé,	çazeu,	zafa,	çaza.

Souffle seul : za, zo, zè, zeu, zé, zi.

Exercice de modulation	
	Long. . . . .
	Bref. . . . .
	Fort. . . . .
	Doux. . . . .

Application : rose, case, Joseph, Moïse.

ARTICULATION RAPIDE.

za, zaza, zazaza, zazazazazazazazazaza.....
az,
zo,
oz,
zè,
èz,
zeu,
euz,
zé,
éz,
zi,
iz,
zap,
paz,
zof,
foz,
zèv,
vèz,

zeub, zeubzeub, zeubzeubzeub, zeubzeub....
beuz,
zét,
téz,
zid,
diz,
zak,
kaz,
zog,
goz,
zèç,
cèz,
etc.

XVIIIe EXERCICE.

eû

eu œu

Position. — Voix par la bouche : eû

eû,	eû,	eû,	eû,	eû,	eû.
eu,	eû,	eu,	eû,	eu,	eû.
eûp,	eûp,	eûp,	peû,	peû,	peû.
eûf,	eûf,	eûf,	feû,	feû,	feû.

eûv, eûv, eûv, veû, veû, veû.
eûb, beû, eût, teû, eûd, deû.
eûk, keû, eûg, gueû, eûç, ceû, eûz, zeû.
eûm, meû.
eûpeû, eûfeû, eûveû, eûbeû; eûteû, eûdeû.
eûkeû, eûgueû, eûçeû, eûzeû, eûmeû.
peûfeû, veûbeû, teûdeû, keûgueû, ceûzeû, meûmeû.
peûfa, veûbo, teûdè, keûga, cizeû, pafoveû.
mobateû, deutameû, keugaçeû, zipémeû.

Souffle seul : eûeu, eûeu, eûeu, eûé, eûé, eûé.
aeû, eûa, oeû, eûo, eûè, èeû.
eûi, ieû, aoeû, èeueû, éieû, eûia.
peû, feû, meû, veû, beû, teû, deû,
keû, gueû, ceû, zeû.

Exercice de modulation
- Long. . . . .
- Bref. . . . .
- Fort. . . . .
- Doux. . . . .

Application : pieux, mieux, vieux.

ARTICULATION RAPIDE.

peû, peûpeû, peûpeûpeû, peûpeûpeûpeûpeû.....
eûp,
feû,
eûf,
veû,

eûv, eûveûv, eûveûveû, eûveûveûveûv....

beû,

eûb,

teû,

eût,

deû,

eûd,

keû,

eûk,

gueû,

eûg,

ceû,

eûç,

zeû,

eûz,

pifeû,

mébeû,

tèpeû,

dakeû,

goceû,

zazeû,

pèmazeû,

fékigueû,

vèbeûteû,

pamofeû,

etc.

XIXe EXERCICE.

ô

au eau

Position. — Voix par la bouche : ô

ô, ô, ô, ô, ô, ô.
ô, o, ô, o, ô, o.
ôp, ôp, ôp, pô, pô, pô.
ôf, ôf, ôf, fô, fô, fô.
ôv, vô, ôb, bô, ôt, tô.
dô, ôd, kô, ôk, gô, ôg.
ôç, çô, ôz, zô, ôm, mô.
ôpô, ôfô, ôvô, ôbô, ôtô, ôdô.
ôkô, ôgô, ôçô, ôzô, ômô.
pôfô, vôbô, tôdô, kôgô, çôzô, môzô.
pipô, féfô, veûvô, beubô, tètô, dodô.
kagô, çazô, papô, favô, batô, dakô.
gatô, çazô, mèpô, fèvô, vèbô, teudô.
keugô, ceuzô, péfô, mévô, bétô, dikô.
guiçô, zipô, peumeûfô, vobeûtô, dikeûgo, cizeûzô.
ôo, oô, ôa, aô, ôè, èô, ôeu, euô.
ôé, éô, ôï, iô, ôeû, eûô.

Souffle seul : pô, fô, vô, bô, tô, dô, kô, gô, çô, zô, mô.

Exercice de modulation
- Long. . . . .
- Bref. . . . .
- Fort. . . . .
- Doux. . . . .

Application : eau, seau, veau, faux, peau, bateau, cadeau, pavot, poteau.

ARTICULATION RAPIDE.

pô, pôpô, pôpôpô, pôpôpôpô, pôpôpôpôpôpôpô....
ôp,
fô,
ôf,
vô,
ôv,
bô,
ôb,
tô,
ôt,
dô,
ôd,
kô,
ôk,
gô,
ôg,

çô, çôçô, çôçôçô, çôçôçôçô, çôçôçôçôçô....
ôç,
zô,
ôz,
pôf,
fôp,
pôv,
vôp,
bôp,
tôd,
dôt,
kôg,
gôk,
çôp,
pôç,
zôm,
môz,
pôfô,
môvô,
bôtô,
dôkô,
gôzô,
çôzô,
papô,
mafô,
vèbô,
tèdo,
etc.

XXᵉ EXERCICE.

ch

Position. — Souffle par la bouche : ch

ch,	ch,	ch,	ch,	ch,	ch.
ch,	a,	ch,	a,	ch,	a.
cha,	cha,	cha,	ach,	ach,	ach.
cho,	cho,	cho,	och,	och,	och.
chè,	chè,	chè,	èch,	èch,	èch.
cheu,	cheu,	cheu,	euch,	euch,	euch.
ché,	ché,	ché,	éch,	éch,	éch.
chi,	chi,	chi,	ich,	ich,	ich.
cheû,	cheû,	cheû,	eûch,	eûch,	eûch.
chô,	chô,	chô,	ôch,	ôch,	ôch.
chp,	pch,	chm,	mch,	chf,	fch.
chv,	vch,	chb,	bch,	cht,	tch.
chd,	dch,	chk,	kch,	chg,	gch.
chç,	çch,	chz,	zch.		
chap,	pach,	cham,	mach,	chaf,	fach,
chav,	vach,	chab,	bach,	chat,	tach,
chad,	dach,	chak,	kach,	chag,	gach,
chaç,	çach,	chaz,	zach.		
chopa,	chamô,	chèfè,	cheuvé,	chébi,	cheûtô,

chadô, chôfi, chègué, cheûça, chizô, pacha, mochè, fèché, véchi, beuchô, docheû, kochè, guécha, çocha, zaché, deuché, teuché.

Souffle seul : cha, cho, chè, cheu, ché, chi, cheû, chô.

Exercice de modulation
- Long. . . . .
- Bref. . . . .
- Fort. . . . .
- Doux. . . . .

Application : chat, poche, chapeau, chameau, chemise, bêche, chaise, vache, pioche, cheveu.

ARTICULATION RAPIDE.

cha, chacha, chachacha, chachachachacha......
ach,
cho,
och,
chè,
èch,
cheu,
euch,
ché,
éch,

etc.

XXIe EXERCICE.

j

Position. — Souffle et voix par la bouche : j

j, j, j, j, j, j.
ch, j, ch, j, ch, j.
ja, ja, ja, aj, aj, aj.
jo, jo, jo, oj, oj, oj.
jè, jè, jè, èj, èj, èj.
jeu, jeu, jeu, euj, euj, euj.
jé, jé, jé. éj, éj, éj.
ji, ij, jeû, eûj, jô, ôj.
jp, pj, jm, mj, jf, fj.
jv, vj, jb, bj, jt, tj.
jd, dj, jk, kj, jg, gj.
jç, çj, jz, jz, jch, chj.
jap, paj, jam, maj, jof, foj,
job, boj, jèt, tèj, jèd, dèj,
jeuk, keuj, jeug, geuj, jéç, çéj,
jéz, zéj, jeûp, peûj, jeûf, feûj, jôv, vôj,
jôt, tôj.

japa, jomo, jèfè, jeuveu, jébé, jiti, jeûdeû.
jôkô, jaga, jècè, jeuzeu, jéché, pajo, mèjeu,

féji, veûjô, boja, tèjeu, déja, kijeû, gôjé, cijo, zaji, chajè, keujéga, cijeûzo, pajomè, feujébi, teûjoda, gojècheû, paçôjè, meuféji, veûboja, todèjeu, kéguijeû, çozajè.

Souffle seul : ja, jo, jè, jeu, jé, ji, jeû, jô.

Exercice de modulation	
	Long . . . .
	Bref . . . .
	Fort. . . . .
	Doux . . . .

Application : jeu, cage, page, jamais, image, Jésus.

ARTICULATION RAPIDE.

ja, jaja, jajaja, jajajaja, jajajajajajaja.....
aj,
pajaja,
mojojo,
fèjèjè,
veujeujeu,
béjéjé,
tijiji,
deûjeûjeû,
kôjôjô,
çajaja,
zojojo,
chèjèjè,
etc.

XXIIe EXERCICE.

ou

Position. — Voix par la bouche : ou

ou, ou, ou, ou, ou, ou.
ô, ou, ô, ou, ô, ou.
oup, oup, oup, pou, pou, pou.
fou, fou, fou, ouf, ouf, ouf.
vou, vou, vou, ouv, ouv, ouv.
bou, oub, tou, out, dou, oud,
kou, ouk, gou, oug, çou, ouç,
zou, ouz, chou, ouch, jou, ouj,
mou, oum.
pouf, foup, mouv, voum, bout, toub,
douk, koud, gouç, çoug, zouch, chouz,
joup, pouj.
poumou, fouvou, boutou, doukou, gouçou, tijou,
zouchou, joujou, pamou, fovou, vèbou, teudou,
kégou, cizou, cheûjou, jôtou, japou, tikou,
chokou, zeutou, çadou, bévou, fimou, jeûpou,
chamafou, jèbeûtou, dékigou, cèzachou, jeuveûtou.
oua, aou, ouo, oou, ouè, èou, oueu, euou,
oué, éou, oui, iou, oueû, eûou, ouô, ôou,

Souffle seul : pou, mou, fou, vou, bou, tou, dou, kou, gou, çou, zou, chou, jou.

Exercice de modulation
- Long . . . .
- Bref . . . .
- Fort . . . .
- Doux . . . .

Application : où, cou, tout, bout, soupe, noix, couteau, bois, doigt, pois, mouche, couche, boîte, soulier.

ARTICULATION RAPIDE.

pou, poupou, poupoupou, poupoupoupoupou.....
oup,
mou,
oum,
fou,
ouf,
vou,
ouv,
bou,
oub,
tou,
out,
dou,
oud,
kou,

ouk, oukouk, oukoukouk, oukoukoukouk....
gou,
oug,
çou,
ouç,
zou,
ouz,
chou,
ouch,
jou,
ouj,
poumou,
fouvou,
boutou,
doukou,
gouçou,
zouchou,
joujou,
etc.

XXIIIe EXERCICE.

u

Position. — Voix par la bouche : u

u, u, u, u, u, u.
eû, u, eû, u, eû, u.
u, ou, u, ou, u, ou.
pu, pu, pu, up, up, up.
fu, fu, fu, uf, uf, uf.
vu, vu, vu, uv, uv, uv.
mu, um, bu, ub, tu, ut,
du, ud, ku, uk, gu, ug,
çu, uç, zu, uz, chu, uch,
ju, uj.
upu, ufu, uvu, umu, ubu, utu, udu,
uku, ugu, uçu, uzu, uchu, uju.
puju, fuchu, muzu, vuçu, bugu, tuku, gudu,
puma, fuvo, butè, dukeu, gucé, zuchi,
chujeû, pômu, fouvu, batu, doku, guèçu,
zichu, jôju, pépu, jépeûmu, fiveubu,
todouku, gaçozu, chèjeûpu, méfivu, beutôdu,
kugaçu, zochèju.
ua, aü, uo, oü, uè, èu, ueu, euu, ué, éu,
ui, iu, ueû, eûu, uô, ôü, uou, ouu.

Souffle seul : pu, mu, fu, vu, bu, tu, du, ku, gu, çu, zu, chu, ju.

Exercice de modulation	
	Long. . . . .
	Bref . . . .
	Fort . . . .
	Doux. . . . .

Application : bossu, fusil, fichu, cuve, massue.

ARTICULATION RAPIDE.

pu, pupu, pupupu, pupupupupupupu......
up,
fu,
uf,
vu,
uv,
mu,
um,
bu,
ub,
tu,
ut,
du,
ud,
ku,
uk,
gu,

ug, ugug, ugugug, ugugugugugug.....
çu,
uç,
zu,
uz,
chu,
uch,
ju,
uj,
papu,
fofu,
mèmu,
veuvu,
bébu,
titu,
deudu,
koku,
gougu,
chuchu,
juju,

etc.

XXIVe EXERCICE.

l
ll

Position. — Voix par la bouche : l

l,	l,	l,	l,	l,	l.
la,	la,	la,	al,	al,	al.
lo,	lo,	lo,	ol,	ol,	ol.
lè,	lè,	lè,	èl,	èl,	èl.
leu,	leu,	leu,	eul,	eul,	eul.
lé,	él,	li,	il,	leû,	eûl,
lô,	ôl,	lou,	oul,	lu,	ul,
lp,	pl,	lm,	ml,	lf,	fl,
lv,	vl,	lb,	bl,	lt,	tl,
ld,	dl,	lk,	kl,	lg,	gl,
lç,	çl,	lz,	zl,	lch,	chl,
lj,	jl.				
lap,	pal,	lom,	mol,	lèf,	fèl,
leuv,	veul,	léb,	bél,	lit,	til,
leûd,	deûl,	lok,	kol,	lug,	gul,
louç,	çoul,	louz,	zoul,	luch,	chul,
luj,	jul.				

poula, mulô, feûlè, veulè, bilé, toleu, dôlou, keûlu, guèli, célè, zalou, choulô, jalou, pamolè, feuvéli, beûtôlu, doukalo. guèceulé, zicheûlo, juchouleu.

Souffle seul : la, lo, lè, leu, lé, li, leû, lô, lou, lu.

Exercice de modulation
- Long . . . .
- Bref. . . . .
- Fort. . . . .
- Doux. . . . .

Application : fil, sel, lait, balle, loup, cheval, soldat, ciel, paletot, cloche, bleu, clef, blé.

ARTICULATION RAPIDE.

la, lala, lalala, lalalalalalalalalala......
al,
lo,
ol,
lè,
èl,
leu,
eul,
lé,
él,
li,
il,

leû, leûleû, leûleûleû, leûleûleûleû....
eûl,
lô,
ôl,
lou,
oul,
lu,
ul,
palala,
fololo,
vèlèlè,
veuleuleu,
mélélé,
bilili,
teûleûleû,
dôlôlô,
kululu,
çouloulou,
etc.

XXVᵉ EXERCICE.

r
rr

Position. — Voix par la bouche : r

r, r, r, r, r, r.
r, a, r, a, r, a.
ra, ra, ra, ar, ar, ar.
ro, ro, ro, or, or, or.
rè, rè, rè, èr, èr, èr.
reu, eur, ré, ér, ri, ir,
reû, eûr, rô, ôr, rou, our,
ru, ur.
rp, pr, rm, mr, rf, fr, rv, vr,
rb, br, rt, tr, rd, dr, rk, kr,
rg, gr, rç, çr, rz, zr, rch, chr,
rj, jr, rl, lr.
par, mor, fèr, veur, bér, tir, deûr, kôr,
gour, çur, zar, chor, jar, leur, zir.
pra, fro, vrè, breu, tré, kri, grô, bru.
pura, fouro, mèreu, véri, beûrô, touru,
darou, koru, guèrô, çeuré, zéreû, chari,
jori, lurou, jura.

prafu, friko, vrimeû, brédi, trizo, druru, kroura, grôoi, brumé, étriké, lamorè, feulèré, pratiké, pétrifié, malôtru, kravateu, gracieû.

Souffle seul : ra, ro, rè, reu, ré, ri, reû, rô, rou, ru.

Exercice de modulation
- Long. . . . .
- Bref. . . . .
- Fort. . . . .
- Doux. . . . .

Application : or, fer, rat, riz, roi, rabot, rideau, livre, prune, cerise, fraise, poire, bureau, porte, arbre, fleur, Marie, Jésus-Christ.

ARTICULATION RAPIDE.

ra, rara, rarara, rararara, rarararararara.....
ar,
ro,
or,
rè,
èr,
reu,
eur,
ré,
ér,

ri, riri, ririri, riririri, riririririri.....
ir,
reû,
eûr,
rô,
ôr,
rou,
our,
ru,
ur,
pra,
fra,
vra,
bra,
tra,
dra,
kra,
gra,
pro,
frè,
vreû,
bri,
krou,
gru,
etc.

XXVIe EXERCICE.

n

Position. — Voix par le nez : n

n, n, n, n, n, n.
n, l, n, l, n, l.
na, na, na, an, an, an.
na, la, na, la, na, la.
no, on, nè, èn, neu, eun,
né, én, ni, in, neû, eûn,
nô, ôn, nou, oun, nu, un.
np, pn, nm, mn, nf, fn, nv, vn,
nb, bn, nt, tn, nd, dn, nk, kn,
ng, gn, nç, çn, nz, zn, nch, chn,
nj, jn, nr, rn.
pano, fano, vènè, beuneu, téné,
dini, keûneû, gônô, çounou, zunu,
panofè, veunébé, tédeûno, kougunou,
çachonu, jèleûnou, lérino.

Souffle seul : na, no, nè, neu, né, ni, neû, nô,
nou, nu.

Exercice de modulation
- Long. . . . .
- Bref. . . . .
- Fort. . . . .
- Doux. . . . .

Application : **nez, nid, canne, canif, nappe, lune, navire, épine, noir, prune, lunette, canard.**

ARTICULATION RAPIDE.

na, nana, nanana, nananananana.....
an,
no,
on,
nè,
èn,
neu,
eun,
né,
én,
ni,
in,
neû,
eûn,
nô,
ôn,
nou,
oun,

nu, nunu, nununu, nununununununu.....
un,
pana,
pano,
panana,
panono,
fonono,
vènènè,
bénéné,
tinini,
deûneûneû.
kônônô,
gounounou,
chununu,
etc.

XXVIIe EXERCICE.

gn

Position. — Voix par le nez : gn

gn, gn, gn.
gna, gna, gna, agn, agn, agn.
gno, gno, gno, ogn, ogn, ogn.
gnè, ègn, gneu, eugn, gné, égn,

gni, ign, gneû, eûgn, gnô, ôgn,
gnou, ougn, gnu, ugn.
pougna, mugno, fognè, veugneû, bigné,
tégni, deugneû, kigno, gognu, çagnou,
chognou, jègnu, leugné, rigneû, nognu.

Souffle seul : gna, gno, gnè, gneu, gné, gni, gneû, gnô, gnou, gnu.

Exercice de modulation
- Long. . . . .
- Bref. . . . .
- Fort. . . . .
- Doux . . . .

Application : agneau, peigne, châtaigne, Seigneur.

Nota : Lorsque le Sourd-Muet a trop de peine à donner le **gn** ordinaire, on peut le lui faire prononcer : **nie.**

nia, nio, niè, nieu, nié, nii, nieû, niou, niu.
anie, onie, ènie, eunie, énie, inie, eûnie, ônie, ounie, unie.

XXVIIIe EXERCICE.

an

am en em

Position. — Voix par la bouche et par le nez : an

an, an, an, an, an, an.
a, an, a, an, a, an.
anp, pan, anf, fan, anv, van, ant, tan, and, dan, ank, kan, ang, gan, anç, çan, anch, chan, anj, jan,
anm, man, ann, nan, angn, gnan.
pan, fan, van, ban, tan, dan, kan, gan, çan, zan, chan, jan, lan, ran, man, nan.
papan, fafan, vavan, baban, tatan, dadan, kakan, gagan, çaçan, zazan, chachan, jajan, lalan, raran, nanan, gnagnan, maman.
popan, moman, fèvan, beutan, dékan, cizan, guran, cheûjan, lôran, nougnan, gnunan, lougnan, maman, çavan, chalan.
aan, oan, euan, èan, éan, ian, eûan, ôan, ouan, uan.

Souffle seul : pan, fan, van, ban, tan, dan, kan, gan, çan, zan, chan, jan, lan, ran, man, nan, gnan.

Exercice de modulation
- Long . . . .
- Bref . . . .
- Fort . . . .
- Doux . . . .

Application : banc, blanc, maman, enfant, caban, encens, savant, Jean, Laurent.

XXIXe EXERCICE.

on
om

Position. — Voix par la bouche et par le nez : on

on, on, on, on, on, on.
o, on, o, on, o, on.
onp, pon, onf, fon, onv, von, onb, bon,
ont, ton, ond, don, onk, kon, ong, gon,
onç, çon, onz, zon, onch, chon, onj, jon,
onl, lon, onr, ron, onm, mon, onn, non,
ongn, gnon.

pon, fon, von, bon, ton, don, kon, gon, çon, zon, chon, jon, lon, ron, mon, non, gnon.

popon, fofon, vovon, bobon, toton, dodon, kokon, gogon, çoçon, zozon, chochon, jojon, lolon, roron, momon, nonon, gnognon.

pamon, fovon, vèbon, teudon, kégon, cizon, cheûjon, lôron, mouchon, nugnon, janbon.

aon, oon, èon, euon, éon, ion, eûon, ôon, ouon, uon.

Souffle seul : pon, fon, von, bon, ton, don, kon, gon, çon, zon, chon, jon, lon, ron, mon, non, gnon.

Exercice de modulation
- Long . . . .
- Bref . . . .
- Fort . . . .
- Doux . . . .

Application : non, mon, front, bouton, jupon, menton, canon, maison, montre, pigeon, pantalon.

XXXe EXERCICE.

in
im yn ym ain aim

Position. — **Voix par la bouche et par le nez : in**

in, in, in, in, in, in.
è, in, è, in, è, in.
inp, pin, inf, fin, inv, vin,
inb, bin, int, tin, ind, din,
ink, kin, ing, guin, inç, cin,
inz, zin, inch, chin, inj, jin, inl, lin,
inr, rin, inm, min, inn, nin, ingn, gnin.
pin, fin, vin, bin, tin, din, kin, guin,
cin, zin, chin, jin, lin, rin, min, nin, gnin.

pèpin, mèmin, fèfin, vèvin, bèbin, tètin,
dèdin, kèkin, guèguin, cècin, zèzin, chèchin,
jéjin, lèlin, rèrin, nènin, gnègnin.

pafin, movin, bètin, teudin, dékin, guicin,
zeûchin, jolin, runin, gnoupin, pannin, fonvin.
aïn, oïn, èin, euin, éin, iin, eûin, ôïn, uin, ouin.

Souffle seul : pin, fin, min, vin, bin, tin, din, kin, guin, cin, zin, chin, jin, lin, rin, nin, gnin.

Exercice de modulation	
	Long . . . .
	Bref . . . .
	Fort . . . .
	Doux . . . .

Application : vin, pin, pain, lapin, matin, chemin, saint, faim, thym.

XXXIe EXERCICE.

un
um

Position. — Voix par la bouche et par le nez : un

un,	un,	un,	un,	un,	un.
eu,	un,	eu,	un,	eu,	un.
unp,	pun,	unf,	fun,	unv,	vun,
unb,	bun,	unt,	tun,	und,	dun,
unk,	kun,	ung,	gun,	unç,	çun,
unz,	zun,	unch,	chun,	unj,	jun,

unl, lun, unr, run, unm, mun, unn, nun, ungn, gnun.

peupun, meumun, feufun, veuvun, beubun, teutun, deudun, keukun, gueugun, ceuçun, zeuzun, cheuchun, jeujun, leulun, reurun, neunun, gneugnun.

pafun, movun, bètun, deukun, guéçun, zichun, jeûlun, rônun, gnupun, moufun, vanbun, tondun, kingun.

a-un, o-un, è-un, eu-un, é-un, i-un, eû-un, ô-un, u-un, ou-un.

Souffle seul : pun, mun, fun, vun, bun, tun, dun, kun, gun, çun, zun, chun, jun, lun, run, nun, gnun.

Exercice de modulation { Long. . . . .
Bref. . . . .
Fort. . . . .
Doux. . . . .

Application : un, aucun, chacun, parfum, brun.

XXXIIe EXERCICE.

RÉCAPITULATION.

an on in un

a, an. anp, pan, anf, fan, anv, van, anm, man.
o, on. onp, pon, onf, fon, onv, von, ont, ton.
è, in. inp, pin, inf, fin, inv, vin, ind, din.
eu, un. unp, pun, unf, fun, unv, vun, unk, kun.

papan, fofon, vèvin, beubun, tatan, dodon,
kèkin, gueugun, çaçan, zozon, chèchin, jeujun,
lalan, roron, mèmin, neunon, gnagnan.
péfan, vibon, gueûcin, zôchun, joulan, runon,
gnapun, fuvin, bouton, dôkan, gueûçun, zichin,
chéjon, leuran, manun, gnopin, rafon, ravan.
panmafon, vonbotan, dinkègon, çunzeuchun,
janlarun, ménagnan, nirolon, jeuchôzin, çogu-
[kun.

Application : santé, tante, langue, ruban, maman, dimanche, planche, lanterne, orange, André.

bon, oncle, galon, melon, leçon, carton, savon, pardon, Léon, Siméon, Salomon.

moulin, sapin, marin, boudin, jardin.

un, chacun, alun, lundi, brun.

pantalon, caleçon, nn médecin.

XXXIIIe EXERCICE.

X

x = ks

ks, ks, ks, ks, ks, ks.

ksa, kso, ksè, kseu, ksé, ksi, kseû,
ksô, ksou, ksu, ksan, kson, ksin, ksun.
aks, oks, èks, euks, éks, iks, eûks,
ôks, ouks, uks, anks, onks, inks, unks.

xa, ax, xo, ox, xè, èx, xeu, eux,
xé, éx, xi, ix, xeû, eûx, xô, ôx,
xou, oux, xu, ux, xan, anx, xon, onx,
xin, inx, xun, unx.

xp, px, xm, mx, xf, fx, xv, vx,
xb, bx, xt, tx, xd, dx, xk, kx,
xg, gx, xz, zx, xch, chx, xj, jx,
xl, lx, xr, rx, xn, nx, xgn, gnx.

Application : axe, axiome, exclu, extra, expansif, expédié, expéditif.

x = gz

gza, gzo, gzè, gzeu, gzé, gzi, gzeû, gzô,
gzou, gzu, gzan, gzon, gzin, gzun.

Application : exalté, exigu, exil, exode.

XXXIVe EXERCICE.

ill

ill = ie

ie,	**ie,**	**ie,**	**ie,**	**ie,**	**ie.**
ill,	**ill,**	**ill,**	**ill,**	**ill,**	**ill.**
aill,	**oill,**	**èill,**	**euill,**	**éill,**	**ill.**
eûill,	**ôill,**	**ouill,**	**uill.**		

Application : **paille, taille, maille, médaille, bille, fille, famille, feuille, rouille, fouille, citrouille, andouille, volaille.**

XXXVe EXERCICE.

â

Position. — **Voix par la bouche : â**

â, â, â, â, â, â.
a, â, a, â, a, â.

pa, pâ, ma, mâ, fa, fâ, va, vâ, ba, bâ, ta, tâ, da, dâ, ka, kâ, ga, gâ, ça, çâ, za, zâ, cha, châ, ja, jâ, la, lâ, ra, râ, na, nâ, gna, gnâ.

Application : âme, âne, bât, râpe, pâte, crâne, râteau, gâteau, châtaigne.

ami, gâche, bateau, bâche, labeur, lâche, macaron, mâche, palan, pâle, parti, pâleur, tache, tâche.

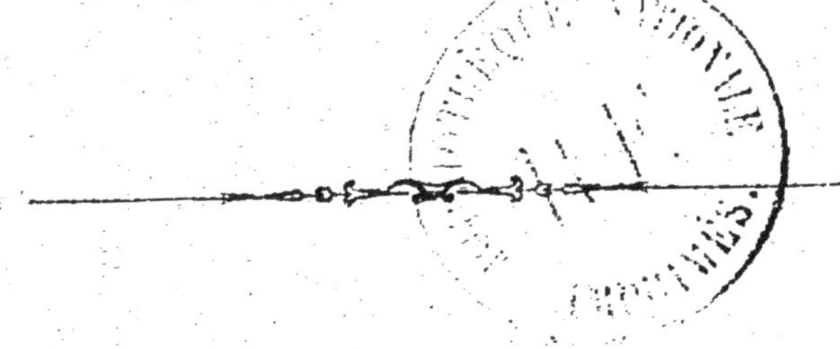

Abbeville-Montreuil. — Impr. A. Retaux.

www.ingramcontent.com/pod-product-compliance
Ingram Content Group UK Ltd.
Pitfield, Milton Keynes, MK11 3LW, UK
UKHW021619260726
13965UKWH00007B/1325

9 782013 042680